BEI GRIN MACHT SICH IHR WISSEN BEZAHLT

AF144675

- Wir veröffentlichen Ihre Hausarbeit, Bachelor- und Masterarbeit

- Ihr eigenes eBook und Buch - weltweit in allen wichtigen Shops

- Verdienen Sie an jedem Verkauf

Jetzt bei www.GRIN.com hochladen und kostenlos publizieren

Urban Gardening im globalen Süden

Jonte Ropers

Bibliografische Information der Deutschen Nationalbibliothek:

Die Deutsche Nationalbibliothek verzeichnet diese Publikation in der Deutschen Nationalbibliografie; detaillierte bibliografische Daten sind im Internet über http://dnb.d-nb.de abrufbar.

ISBN: 9783389019573
Dieses Buch ist auch als E-Book erhältlich.

© GRIN Publishing GmbH
Trappentreustraße 1
80339 München

Druck und Bindung: Books on Demand GmbH, Norderstedt Germany
Gedruckt auf säurefreiem Papier aus verantwortungsvollen Quellen

Das vorliegende Werk wurde sorgfältig erarbeitet. Dennoch übernehmen Autoren und Verlag für die Richtigkeit von Angaben, Hinweisen, Links und Ratschlägen sowie eventuelle Druckfehler keine Haftung.

Das Buch bei GRIN: https://www.grin.com/document/1466982

Fakultät für Biologie, Chemie und Geowissenschaften

Lehrstuhl für Politische Geographie

Seminar: Mensch-Umwelt-Beziehungen in Afrika

Sommersemester 2022

Hausarbeit

Eine Diskussion zu folgender Forschungsfrage:

„Inwiefern kann Urban Gardening für Städte des globalen Südens ein Weg zur erhöhten Ernährungssicherheit sein und welche Hürden in Finanzierung und Zugang bleiben bestehen?"

Jonte Ropers

Studiengang: KuGeA; GEFA

Viertes Fachsemester

Abgabefrist: 30.09.2022

Inhaltsverzeichnis

Einleitung

Der globale Süden – insbesondere Subsaharaafrika – sieht sich schon seit vielen Jahrzehnten enormen Herausforderungen konfrontiert, wenn es um das Thema Ernährungssicherheit geht. So hatten im Jahr 2004 in Subsaharaafrika mehr als 350 Millionen Menschen keinen ausreichenden Zugang zu Lebensmitteln (vgl. Lee-Smith, 2010: 483). Da dieses Problem kein stagnierendes oder schrumpfendes Problem ist, macht es für den afrikanischen Kontinent und mit ihm für die gesamte Weltpolitik noch umso herausfordernder. Im Besonderen ist es die demographische Entwicklung in Afrika, die der Politik Sorge bereitet. Da der Kontinent über das stärkste Bevölkerungswachstum weltweit verfügt, wird die Frage von Ernährungssicherheit in den nächsten Jahrzehnten in Afrika mehr und mehr Aufmerksamkeit bekommen – auch von der globalen Weltgemeinschaft. Zum Lösen dieses Problems wird unter anderem auch das Urban Gardening, um das es nun geht, erörtert.

Da Importe von Nahrungsmitteln teuer sind, stellt dies ein Problem dar, weil eine immer weiter wachsende Bevölkerung mit Nahrungsmitteln versorgt werden soll. Dies gilt insbesondere für Frauen, die als hauptgefährdete Gruppe in Subsaharaafrika für extreme Armut gelten (vgl. Falk, 2003: 11). Frauen benötigen daher eine Chance, wirtschaftliche Handlungsmacht und ausreichend Nahrungsmittel für sich selbst und für die eigene Familie zu erlangen. Eine Chance hierfür kann das sogenannte Urban Gardening darstellen. Dieses weist auch schon in früheren Forderungen eine feministische und emizipatorische Note auf (vgl. Lee Smith, 2010: 497) und könnte eine hilfreiche Antwort auf die bis zum Jahr 2050 weiter stark wachsende Bevölkerung des afrikanischen Kontinents darstellen.

Zugangsbarrieren zum Thema Nahrung bestehen in Subsaharaafrika zunehmend auch durch die Auswirkungen der Klimakrise, welche nicht nur sich häufende Dürren, die Erwärmung des Klimas und auch den Meereswasseranstieg bedeutet, sondern auch eine starke Zunahme von Extremwetterereignissen. Dieses geballte Konglomerat stellt die afrikanische Landwirtschaft nochmals vor besonderen Herausforderungen. Schließlich bestehen schon heute große Probleme, die Bevölkerung ausreichend zu ernähren. Viele Menschen leiden Hunger. Insbesondere zu Beginn des Angriffskriegs von Russland auf das Staatsgebiet der Ukraine hat sich dieses Problem nochmals erheblich verstärkt, als die Weizenexporte aus der Ukraine nach Afrika nahezu zum Erliegen kamen (vgl. Kateryna, 2022: 263). Da die Ukraine einen nicht unwesentlichen Teil der Weizenexporte nach Afrika liefert, brach somit eine überlebenswichtige Infrastruktur zeitweise zusammen und die Preise für Weizen und Getreide gingen stark in die Höhe, was zu weiterer Hungersnot in Subsaharaafrika führte.

Um sich für die Zukunft zu wappnen, werden verschiedene Strategien in Subsaharaafrika diskutiert, welche zu weniger Ungleichheit, einer besseren Ernährungssicherheit und einer verringerten Armut führen sollen. Folgend werden die Einzelheiten und Herausforderungen des Konzepts der urbanen Landwirtschaft vorgestellt, welches es in abgewandelter Form auch im globalen Norden gibt – der Fokus meiner Arbeit wird jedoch auf Subsaharaafrika liegen. Insbesondere wird eine kritische Betrachtung des Konzepts des Urban Gardening stattfinden, auch Exklusionsmechanismen qua Geschlecht oder Klasse werden diskutiert werden. Da jedoch nicht nur Urban Gardning als solches kritisch betrachtet werden muss, muss auch die Finanzierung dahinter betrachtet werden. Schließlich verlangt auch das Urban Gardening Subventionen, um sozial gerecht und nutzstiftend in den Städten Subsahraafrikas zu sein. Daher werden auch (Schein-)Hilfen aus dem globalen Norden kritisch reflektiert werden.

Begriffsbestimmung

Um im Folgenden Zusammenhänge anschaulich darstellen und erklären zu können, finden zu Beginn dieser Hausarbeit verschiedene Begriffsbestimmungen Einzug. Zunächst muss geklärt werden, wobei es sich bei der Bezeichnung Urban Gardening handelt. Urban Gardening, was oftmals auch als Urban Agriculture oder Urban Farming bezeichnet wird, eröffnet lokalen Communities die Möglichkeit auch im städtischen Milieu frische und lokale Nahrungsmittel verfügbar zu haben beziehungsweise lokal anzubauen (vgl. Grebitus et al. 2012). Insbesondere im Hinblick auf große Hungersnöte und die negativen Auswirkungen auf die Ernährungssicherheit im globalen Süden von Pandemien wie der Coronapandemie werden von der Politik zunehmend Lösungen für mehr Ernährungssicherheit gesucht. Besonders die Frage des Zugangs zu Nahrungsmitteln wird dabei besonders in den Vordergrund gerückt. Immer wieder wird im Zusammenhang mit der Wichtigkeit des Urban Gardening zudem angeführt, dass gegenwärtig schon mehr als drei Milliarden Menschen weltweit in Städten leben und sich dieser Trend gen Landflucht bis zum Jahr 2050 weiter ausbauen wird (vgl. Grebitus et al. 2012).

Im Allgemeinen wird das Urban Gardenig auch als eine Methode verstanden, die den Anfälligkeiten der konventionellen Landwirtschaft überlegen ist und durch einen erleichterten Zugang zudem mehr Sicherheit in die Frage der Ernährung im Subsahara-Raum bringen kann. Zur Bedeutung des Urban Gardening gehört aber auch, dass vorwiegend das Verarbeiten und Vertreiben von Nutzpflanzen stattfindet und zudem auch Vieh in städtischen Gebieten gehalten werden kann (vgl. Keong Ng, 2021: 1). Elementar im Kontext des Urban Gardening ist zudem das Thema der Ernährungssicherheit, die im globalen Süden und speziell in Subsaharaafrika eine besondere Bedeutung hat. Der CFS, der Ausschuss der Vereinten Nationen zur Sicherstellung der Welternährungssicherheit, schenkt im Speziellen dem Zugang zu Nahrung große Aufmerksamkeit. Zudem gibt sie an, dass Nahrung in ausreichender Menge für jedes Individuum immer verfügbar sein müsse. Die Ernährungssicherheit wird für den CFS als elementar anerkannt, wenn es um die Voraussetzungen für ein aktives Leben in Gesundheit, aber auch das bloße Überleben, geht (vgl. Keong Ng, 2021: 1).

Im weiteren Verlauf werden auch Programme der Vereinten Nationen Erwähnung finden, darunter auch das UNDP. Relevant sind diese im Kontext des Urban Gardening deshalb, weil sie das Potential und die Notwendigkeit alternativer und niedrigschwelliger Systeme zur Nahrungsmittelgewinnung bewerten. Durch die Konfrontation einer möglichen Knappheit an Nahrungsmitteln auf globaler Ebene, was durch die weltweit steigende Bevölkerungsanzahl bis 2050 begründet, sind Überlegen für mehr Ernährungssicherheit global relevant. Den Vereinten Nationen kommt durch ihre Programme für globale Ernährungssicherheit eine besondere Rolle zu, weshalb ihre Rolle auch im Folgenden näher untersucht werden wird. Schon im Jahr 1990 waren knapp 800 Millionen Menschen weltweit im Urban Gardening beschäftigt, durch den zusätzlichen Bedarf in den nächsten Jahrzehnten wird sich ihre Menge in den nächsten Jahren und Jahrzehnten noch vergrößern (vgl. Lee-Smith, 2010: 484). In einigen Städten Subsaharaafrikas macht der Anteil an Menschen, die Urban Gardening betreiben, sogar schon knapp 50% der Gesamtbevölkerung aus.

Erläuterung der Forschungsfrage

Kontrovers wird das Thema der Ernährung auch im globalen Norden diskutiert. Während es im globalen Norden jedoch um die gesundheitlichen Vor- und Nachteile geht, ist die Diskussionsform im globalen Süden viel existenziellerer Art. Hier geht es um kein qualitatives Abwägen von Nahrung in ihren gesundheitlichen oder schmackhaften Aspekten, sondern darum, überhaupt Nahrung für die lokale Bevölkerung zur Verfügung zu haben. Dürren, die durch die Klimakrise immer weiter zunehmen und für die Agrarwirtschaft auf dem afrikanischen Kontinent bedrohliche Ausmaße annehmen und Extremwetterereignisse als weitere Folge des anthropogenen Klimawandels sorgen dafür, dass einige Länder in Subsaharaafrika schon heute gravierende Probleme mit einer hungernden Bevölkerung haben. Allein in Subsaharaafrika macht ein Viertel aller Menschen weltweit aus, die unter extremen Hunger leiden (vgl. Bain et al. 2013). Auch wenn global betrachtet städtische Landwirtschaft immer öfter stattfindet, bleiben dennoch Fragen in seiner Finanzierung, im Zugang und einer möglichen Disparität zwischen Menschen in Armut und Menschen mit einer positiven Kaufkraft offen. Um diese Fragen zu klären und einen besseren Überblick dahingehend zu verschaffen, wer die jetzigen Verlierer*innen vom Urban Gardening sind und wie sich das ändern ließe, werde ich im Rahmen dieser Hausarbeit einige Ausblicke geben.

Der quantitative Bedarf an der urbanen Landwirtschaft wurde schon in einigen Studien untersucht. Darunter waren unter anderem der IDRC und auch weitere Studien, die im globalen Süden vielfältige Auswirkungen erzielen konnten. Zu diesen Auswirkungen zählt beispielsweise, dass im südamerikanischen Staat Brasilien das Urban Gardening qua politischer Legitimation auf offizieller Ebene Einzug gefunden hat, wobei dies mit dem Recht auf Nahrung des Einzelnen begründet wurde (vgl. Lee-Smith, 2010: 492). Gerade im globalen Süden und speziell in Subsaharaafrika sind viele Menschen von extremer Armut geplagt, auch die Schule können viele Kinder und Jugendliche entweder überhaupt nicht oder wenn dann nur für ein paar wenige Jahre besuchen. Ein fehlender Zugang zu Bildung und das Leben in Armut zählen für das Hungerleiden zu den wichtigsten Auslösefaktoren.

Um dem wachsenden Hunger der bis 2050 stetig wachsenden Bevölkerung Afrikas gerecht zu werden, müssen Ernährungssicherheit und Urban Gardening also zusammen gedacht werden. Hürden für das Betreiben von Urban Gardening bleiben dennoch bestehen, da die Fragen von Landrechten und Vieh oftmals Menschen mit einem niedrigen sozialen Status (und insbesondere Frauen) ausschließen. Frauen bilden dabei das Klientel beim Urban Gardening, welches die größten Hürden beim Urban Gardenng zu meistern hat – aber gleichzeitig auch im Falle eines erfolgreichen Gelingens nicht nur die eigene Ernährung und die Ernährung der Familie sicherstellen kann, sondern zudem auch die eigene Kaufkraft durch den Verkauf eigener Nahrungsmittelerzeugnisse beim Betreiben städtischer Landwirtschaft (z.B. durch angebautes Gemüse) erheblich steigern kann. Nichtsdestotrotz zeigen Erhebungen, dass von Frauen geführte Haushalte, die Urban Gardening betreiben, durch Urban Gardening eine geringere Ernährungssicherheit als von Männern geführte Haushalte haben. Der Grund dafür besteht darin, dass die Frauen nur über einen geringen Zugang zu landwirtschaftlich nutzbarem Land in der Stadt verfügen und häufig beengt leben (vgl. Lee-Smith, 2010: 496).

Innerhalb von Subsaharaafrika ist die Dimension der Beteiligung von Frauen im Urban Gardening jedoch von einem unterschiedlichen Ausmaß. Im östlichen und im südlichen Afrika sind beispielsweise Frauen in der urbanen Landwirtschaft dominierend (vgl. Ngome, 2008). So unterschiedlich wie die Dominanz in der urbanen Landwirtschaft, so gleich ist der Trend hin zu immer mehr Menschen in Subsaharaafrika, die von Ernährungskrisen betroffen sind. Nicht nur die Zahl der Hungernden steigt immer weiter an, auch die Dauer der einzelnen Hungerperioden wird zunehmend exzessiver. Die Zunahme extremer Hungerkrisen in Westafrika und in der Sahelzone wirkt sich immer stärker auf die Bevölkerung aus und weckt Sorge, welche Zukunft Subsaharaafrika beim Versorgen der Menschen bevorsteht.

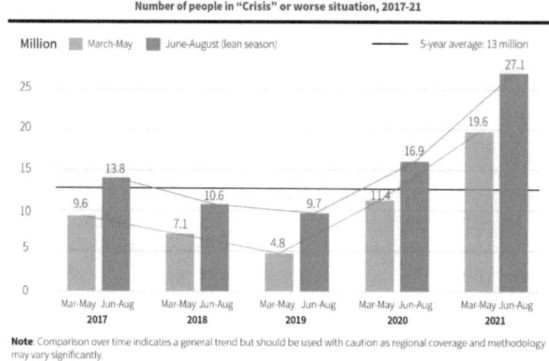

Abbildung 1

Graphisch untermalt wird dies durch die Abbildung 1, welche eine Verdopplung der Menschen in der Sahelzone und in Westafrika aufzeigt, die nun im Jahr 2021 im Vergleich zum Jahr 2017 von Hunger oder extremem Hunger betroffen sind. Ein so starker Anstieg innerhalb von so kurzer Zeit ist sehr alarmierend und stellt das Thema der Ernährungssicherheit unausweichlich auf den ersten Platz der politischen Agenda. Die Zahlen, die sich in ihrem starken Anstieg zwischen 2019 und 2021 auch teilweise durch die weltweit grassierende Covid-19-Pandemie erklären lassen, betonen mehr und mehr die Wichtigkeit von Programmen, die für Ernährungssicherheit sorgen können.

Insbesondere das Urban Gardening in Subsaharaafrika verfügt dabei über eine positive Qualität, da es sich um eine Maßnahme handelt, die lokal umgesetzt werden kann und um kein eurozentrisches Instrument, in dem sich die lokale Bevölkerung nur schwer einfügen kann. Nicht nur kann das Urban Gardening z.B. in Nairobi dafür sorgen, dass die Bevölkerung weitgehend autark und deutlich weniger auf Nahrungsmittelimporte aus dem Ausland angewiesen sein müsste, gleichzeitig könnte das Urban Gardening die Städte auch als „grüne Klimaanlage" herunterkühlen und die Luft reinigen (vgl. Draxler, 2019: 4).

Das Konzept Urban Gardening im globalen Süden

Urbane Landwirtschaft als Konzept ist im globalen Süden weitgehend anders als im globalen Norden konzipiert, da dem Konzept in Subsaharaafrika eine existenzielle Note zukommt. Im Zuge des Klimawandels planen viele Städte in Westeuropa ihre Städte neu, sie planen sie grüner. Dies soll dazu beitragen, dass die bis dato nahezu vollständig versiegelten Innenstädte im Dunst der Hitze im Sommer nicht ersticken und die Lebensqualität im Lebensraum Stadt nicht – bedingt durch die Folgen der Klimakrise – stark einbricht. Konzeptionell integriert wurden schon einige Pilotprojekte, die jedoch in den Augen mancher Experten auch als Setting und Austragungsort von Jugendarbeit innerhalb einer Postwachstumsgesellschaft gefasst werden können (vgl. Groß: 2013).

Wesentlich anders wird das Konzept des Urban Gardening im globalen Süden verstanden. Bedingt durch einen Anteil von einem Viertel aller an Hunger leidenden Menschen, die es überhaupt weltweit gibt, steht beim Urban Gardening in Subsaharaafrika weniger der Klimaschutz und die Lebensqualität in den Städten im Vordergrund, sondern der Zugang zu Nahrung. Um städtische Landwirtschaft zu betreiben, bedarf es jedoch finanzieller Rücklagen, auch Landfläche muss zur Verfügung stehen. Schon hier hat das Konzept Urban Gardening eine Schwäche, da Exklusionsmechanismen greifen. Ähnlich wie in Europa, wird Urban Gardening auch auf dem afrikanischen Kontinent gegenwärtig noch überwiegend von Mittel- und Oberschicht betrieben (vgl. Lee-Smith, 2010: 496, 497). So kommt jedoch der eigentliche Mehrwert des Konzepts bei den real bedürftigen Menschen, die sich dem Verhungern und bitterer Armut ausgesetzt sehen, nicht an. In vielen Städten sind die wohlhabenden Betreiber urbaner Landwirtschaft gegenüber finanziell Bedürftigen, die urbane Landwirtschaft betreiben, deutlich in der Überzahl (vgl. Asomani-Boateng 2002).

Wenn Menschen in Städten urbane Landwirtschaft betreiben, hat dies jedoch auch im Positiven durchaus Auswirkungen auf die ganzheitliche Ernährung eines Menschen. Bedingt durch die Unterernährung, leiden viele Menschen in Subsaharaafrika unter Mangelerscheinungen. Wenn Gemüse und Vieh im Rahmen des Urban Gardening angebaut beziehungsweise gehalten wird, dient dies also nicht nur dem Erzielen eines Ertrags durch den Verkaufs, sondern auch der eigenen Versorgung und auch der eigenen Gesundheit.

So kann Urban Gardening den Menschen ermöglichen, die vielfältigen negativen Auswirkungen von Unterernährung, zu denen laut dem Welternährungsprogramm der Verlust der körpereigenen Abwehrkräfte und eine zunehmende körperliche Schwäche gehören, zu vermeiden (vgl. Bain et al. 2013). Ein befriedigendes Angebot an Nahrungsmitteln zu schaffen, ist im Zuge der stetig ansteigenden Bevölkerung in Subsaharaafrika eine große Herausforderung, für die es insbesondere ein Beantworten mit frischer und lokal angebauter Nahrung bedarf – etwa durch das Urban Gardening (vgl. Grebitus et al. 2020).

Das Konzept des Urban Gardening hat daher die gewollte Aufgabe, dem Zustand von einem Mangel an Nahrung oder Nahrung, die nicht den Nährstoffbedarf eines Menschen erfüllt, zu beheben. Verhindert werden soll dadurch etwa, dass sich die Folgen der Unterernährung für Menschen in Subsaharaafrika schlussendlich auch in Armut mausern, wodurch zusätzliche Katalysatoren für das große Armutsproblem entstehen würden (vgl. Bain et al. 2013).

Besonders einschneidend in die afrikanische Ernährungspolitik ist des Weiteren die noch immer hohe Fertilitätsrate, die nach Angaben des unabhängigen Thinktank Berlin-Institut für Bevölkerung und Entwicklung bei vier Kindern pro Frau liegt. Das Konzept des Urban Gardening ist daher gerade auf dem afrikanischen Kontinent – zumindest auf dem Papier - so hilfreich wie nirgendwo anders auf der Welt. Beispiele wie das von praktizierter städtischer Landwirtschaft in der ghanaischen Hauptstadt Accra zeichnen jedoch eine Realität, in der die Frauen nicht vom Mehrwert des Urban Gardening direkt partizipieren. Vielmehr sind es die Männer, die überwiegend im Urban Gardening aktiv sind und so über die Einnahmen und Erträge verfügen (vgl. Asomani-Boateng: 2002).

Viele Expert*innen bezweifeln, dass der Armutstreiber Ungleichheit durch das Urban Gardening erfolgreich minimiert werden kann. Viele der Ungleichheiten sind strukturell gemacht und auf die Rolle der Frau und ihre Rechte in der Ausübung einer Erwerbstätigkeit zurückzuführen. Diese Grenze zu übertreten und die treibende Kraft in einem Haushalt für die Versorgung einer Familie zu sein, wird vielen Frauen in Subsaharaafrika nicht zugestanden. Sozioökonomische Daten in der wissenschaftlichen Abhandlung der Autorin Lee-Smith zeigen zwar auf, dass Frauen auch Urban Gardening (mit wesentlich weniger Einnahmen als die Männer), wohingegen die Frauen mit den Armen und Menschen ohne jeden Landbesitz weniger Erfolg aus dem Urban Gardening ziehen können (vgl. Lee-Smith, 2010: 488).

Dass afrikanische Staaten vor der Coronapandemie mit die höchsten Wachstumsraten beim Wirtschaftswachstum weltweit verzeichnen konnten (das Bruttoinlandsprodukt stieg im afrikanischen Durchschnitt um ganze 4,7 % pro Jahr) und trotzdem in vielen Ländern Subsaharaafrikas bittere Armut herrscht, mag auf den ersten Blick unverständlich klingen (vgl. Wilhelm: 2020). Ähnlich zum globalen Norden klafft jedoch eine große Lücke zwischen den Profiteuren des Wirtschaftswachstums und denen, die in prekären, informellen Arbeitsverhältnissen arbeiten oder keine Arbeit finden können. Für jene Arbeiter, die nur als Tagelöhner Arbeit finden und von einem Überangebot an Erwerbstätigen bei einer Minderzahl an Jobs benachteiligt sind, kann Urban Gardening das Schaffen einer wirtschaftlichen Existenz bedeuten und somit einen sozialen Aufstieg bedeuten.

Dies sorgt nicht nur für Sicherheit, sondern verringert auch die Vulnerabilität eines Individuums und seiner Familie. Wissenschaftliche Arbeiten der jüngeren Vergangenheit zeigen jedoch, dass Männer durch einen besseren Zugang zu Bildung in Subsaharaafrika mehr Know-How bezüglich fortschrittlicher landwirtschaftlicher Technologien besitzen (Ngome, 2012: 103-118). Um als Haushalt im städtischen Subsaharaafrika erfolgreich Urban Gardening zu betreiben, wird finanzielles Kapital nötig. Nicht nur deshalb ist es jedoch sinnvoll, wenn sich mehrere Personen zusammentun, um ihre Kompetenzen zu multiplizieren. Wissenschaftliche Studien ergaben, dass Frauen oftmals ein weitaus besseres Wissen über den Ackerbau aufweisen, wohingegen Männer bei der Viehzucht über das größte Know-How verfügen (vgl. Hovorka et al. 2009).

Für Frauen, die das Urban Gardening zum Sichern ihrer eigenen Existenz und dem Sicherstellen einer ausreichenden Ernährung ihrer Kinder und somit dem Schutz vor Hunger betreiben wollen, bleiben jedoch strukturelle Hürden bestehen. Diese mausern sich etwa darin, dass Beratungsdienste und die Unterstützung neuer landwirtschaftlicher Technologien zwar eine gut gemeinte Hilfe sein können, in der Praxis aber nutzlos sind. Grund dafür ist, dass Frauen in Subsaharaafrika bei der städtischen Landwirtschaft mehrheitlich in traditionellen Formen operieren (vgl. Kessler et al. 2004) und somit Beratungen nicht wirken.

Analyse

Auch wenn urbane Landwirtschaft ebenso im globalen Norden betrieben wird, so muss sie in ihrer wesentlichen Substanz vom Urban Farming in Subsaharaafrika unterschieden werden. Zwar wird die Akkumulation von Nahrung in beiden Fällen als Ziel betrachtet, im globalen Norden dient dies jedoch eher der Freizeitgestaltung, wohingegen Urban Gardenig im globalen Süden existenzielle Züge aufweist und damit die Grundbedürfnisse eines Individuums betrifft. Sogenannte Entwicklungsprojekte der Europäischen Union oder der Vereinten Nationen in Subsaharaafrika gibt eine ganze Menge, oftmals wird dies jedoch auch sehr kritisch betrachtet (vgl. Danida, 2002: 22). Ein gutes Beispiel dafür sind die Proverty Reduction Strategy Papers (PRSP), die jedoch als zu technisch und nicht auf die lokale Bevölkerung in Subsaharaafrika mit ihren individuellen Anforderungen angepasst waren.

Weiterhin werden eine Unterrepräsentierung von der Zivilgesellschaft in Workshops und eine Hilfe nur zum Schein und als viel zu dünnflächig und allgemein betrieben kritisiert (vgl. Falk, 2003: 19). Gegenüber solchen westlichen Ideen von Maßnahmen gegen den Hunger ist das Urban Gardening höchst individuell, autark und ohne eurozentristische Kontrolle oder Limitierungen. Dies ist ein Grund, weshalb die urbane Landwirtschaft in vielen Städten Subsaharaafrikas in den letzten Jahrzehnten immer beliebter wurde. Quantitative Erhebungen in Kampala, der Hauptstadt Ugandas, zeigten einen deutlichen Fokus von urbaner Landwirtschaft fernab des direkten Stadtzentrums. In der Peripherie ist der Anteil der Menschen, die in Subsaharaafrika Urban Gardening betreiben, besonders hoch (vgl. Lee-Smith, 2010: 486).

Bis dato zeigen Studien, dass städtische Agrarwirte in Subsaharaafrika in etwa die Hälfte der Bevölkerung ausmachen und die Peripherie deswegen eine besonders hohe Mengr an Urban Gardening verzeichnen kann, da die Peripherie im Allgemeinen auch mehr Raum einnimmt (vgl. David et al. 2010). Auch wenn die PRSP als westliches Instrument nunmehr auch stärker die Zivilgesellschaft, lokale Epistemologie und lokalen Bedarf in den Blick nimmt (vgl. Ministry of Finance, 2000: 2), fühlt es sich für die Bevölkerung Subsaharaafrikas nach postkolonialem Verhalten an und wird eher abgelehnt. Auch das Urban Gardening steht in Subsaharaafrika in einer direkten, traditionellen Verbindung mit der Kolonialzeit. So hat im westafrikanischen Ghana der Kolonialherr Großbritannien zwar grundsätzlich das städtische Anbauen von Gemüse legitimiert, nicht jedoch aber das Halten von Vieh oder aber den Anbau eigentlich einheimischer Nutzpflanzen (vgl. Asomani-Boateng 2002).

Gleichzeitig wurden viele aus Europa stammende Gemüsesorten in den afrikanischen Kolonien angebaut. Neben dem Verbreiten des christlichen Glaubens und der Zerstörung lokaler Glaubenssysteme, war der Anbau von Nutzpflanzen aus Europa und das Verbot des Anbaus ursprünglich lokaler Pflanzen ein weiterer Weg der Kolonialherren, um die Menschen in ihren Kolonien zu unterdrücken. Gegen Ende des 20. Jahrhunderts machte die Yentura-Politik in Ghana weltweit Schlagzeilen, die strikt gegen die Rückzahlung und Erfüllung ausländischer Kredite beziehungsweise Verträge war. Infolgedessen kam es zu einem Boykott der internationalen Gemeinschaft, der Ghana in ernsthafte Probleme der Ernährungssicherheit brachte. Das ghanaische Programm Operation Feed Yourself (vgl. Hansen 1987) gab schlussendlich als Sofortprogramm Pragmatismus und Autarkie vor, wodurch das Urban Gardening in Ghana wieder legitimiert wurde und von der Regierung gefördert worden ist.

Dass die Frage des Urban Gardening in Subsaharaafrika eine große Frage ist, zeigen Erhebungen und Prognosen, die in den letzten Jahren und Jahrzehnten veröffentlicht worden sind. Im Betrachten der weltweiten Nachfrage nach Ernährung, welche (s. Abbildung 2) die Netherlands Environmental Assessment Agency (PBL) untersucht hat, wird der zukünftig enorme Nahrungsmittelbedarf auf dem afrikanischen Kontinent deutlich. Die niederländische Behörde schätzt, dass der Anstieg an Nahrungsmitteln in Afrika bis zum Jahr 2050 um mehr als 300% des Status quo steigen wird (vgl. Hilderink et al. 2012).

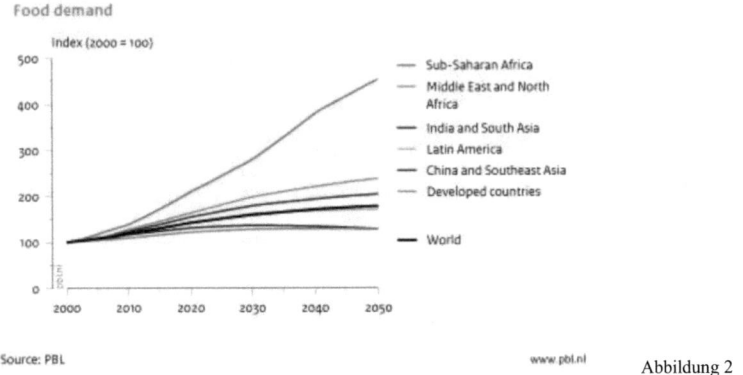

Abbildung 2

Um das Thema der bedrohten Ernährungssicherheit in Subsaharaafrika positiv gestalten zu können, bietet das Urban Gardening neben dem Vorteil der Verfügbarkeit qua Eigenproduktion auch den Vorzug, dass man auf Preisschwankungen für Nahrungsmittel wesentlich unempfindlicher reagiert. Investitionen in den Lebensmittelexport zu reduzieren und dafür die Investitionen in die Förderung des Urban Gardening, dem Schaffen besserer und paritätischer Zugangschancen und das Anbauen heimischer Nutzpflanzen zu intensivieren. Die PBL prognostiziert auch, dass die sogenannten Millennium-Entwicklungsziele im Kontext der Ernährung nicht erreicht werden würden (vgl. PBL 2012).

Dieses Ziel sah vor, die Dimensionen der Mangelernährung in Afrika bis zum Jahr 2015 auf die Hälfte des Wertes von 1990 zu senken. Zu den Verfassern dieser Ziele im Jahr 2002 gehörten die Agenten UN, Weltbank, die OCED und das IWF, wobei diese sehr westliche Idee insbesondere durch westliche Instrumente gelingen sollte. Mangelernährung wird also weiter in Subsaharaafrika ein großes Problem sein. Nachdem eurozentristische Konzepte in den meisten Fällen trotz großer Investitionen nicht funktionierten, setzen nun die Länder Subsaharaafrikas vermehrt auf das Fördern ihrer nationalen Urban Gardening – Kapazitäten. Maßnahmen wie der Poverty Action Fund in Uganda aus dem Jahr 1998 zeigen, dass gezielte Armutsbekämpfung am besten durch lokale Player gelingen kann, welche die tatsächlichen Bedarfe kennen und finanzielle Mittel dementsprechend verteilen können (vgl. Falk, 2003: 35).

Diskussion der Ergebnisse

Die vorliegenden Erkenntnisse und Widersprüchlichkeiten im Verständnis von gezielter Förderung von Ernährungssicherheit des globalen Nordens und der lokalen Bevölkerung ist sinnbildlich dafür, dass die Lebensrealitäten zwischen dem globalen Norden und dem globalen Süden weit auseinander liegen – etwa im Kontext der Instrumente, die Subsaharaafrika eine erhöhte Ernährungssicherheit bringen könnten (vgl. Kamp 2021). Dass dennoch Veränderungen eintreten, ist auch ein Zeichen der Wirksamkeit des Urban Gardening. Verbunden ist dies jedoch auch damit, dass beim Urban Gardening der lokalen Bevölkerung das Handeln überlassen wird. Diese Übergabe von Agency und Hoheit über Prozesse scheint etwas zu sein, was die UN und die EU im Umgang mit Subsaharaafrika nur ungern komplett abgeben wollen. Dass jedoch dies ein erster wichtiger Schritt wäre, um das Vertrauen der Regierungen und Menschen (zurückzu-)gewinnen, wird oftmals ausgeblendet.

Die Frage von Ownership, Landzugang und Überlassung zur landwirtschaftlichen Arbeit wird zwar ausführlich in der Fachwelt diskutiert, jedoch sind bis heute finanziell bessergestellte urbane Farmer im Vergleich zu der armen Stadtbevölkerung deutlich privilegierter, wenn es um das Ausüben urbaner Landwirtschaft geht (vgl. Asomani-Boateng 2002). Die besonders wenig privilegierte Position von Frauen beim Urban Gardening weist hingegen auf ein Paritätsproblem hin, welches die gesamte Bevölkerung Subsaharaafrikas durchzieht. Auch wenn die urbane Landwirtschaft gerade den in ihrer wirtschaftlichen Existenz bedrohten Menschen eine große Hilfe sein kann, gehören viele urbane Farmer de facto der Mittelschicht an. Zwar hat die UN-Abteilung für Landwirtschaft in den letzten Jahren Fördersummen für das Errichten von Urban Gardening – Strukturen in Subsaharaafrika investiert (vgl. Lee-Smith 2010), wobei bis dato zu wenig zielgerichtet investiert wird und zu viel über das Prinzip Gießkanne läuft, sodass Notbedürftige nicht eine ausreichende Unterstützung bekommen.

Im Zuge der Klimakrise und den damit einhergehenden Folgen und Einschränkungen für die Nahrungsmittelverfügbarkeit durch starke Dürreperioden oder unausgeglichene, stark anwachsende Preise beim Import von Nahrungsmitteln, ist besonders stark die Stabilität der Ernährungssicherheit bedroht. Dies ist zusätzlich auch mit der eigentlichen Sicherheit in Staaten Subsaharaafrikas verbunden. Die in meiner Arbeit gezeigte außerordentlich hohe Quote extremer Armut (weniger als 1,90 \$USD pro Tag) in Subsaharaafrika kann gepaart mit Folgen der Klimakrise auch als Auslöser von Aufständen und Bürgerkriegen wirken, insbesondere dann, wenn auch noch Hunger als Massenproblem hinzukommt (vgl. Environmental Justice Foundation 2017). Da das Urban Gardening aber positive Auswirkungen auf das Klima, die Nachhaltigkeit, die Ernährungssicherheit und die Kaufkraft eines Individuums im globalen Süden zu haben scheint, könnte dieses Konzept die Probleme der Gegenwart und Zukunft zumindest etwas abmildern.

Dass ein Zulassen von städtischer Landwirtschaft nicht nur dem universellen Recht auf Nahrung gleichkommt (vgl. Lee-Smith 2010), sondern auch die Resilienz eines Landes gegen Preisschwankungen und Klimafolgen erhöht, wird bis dato noch nicht in allen Ländern Subsaharaafrikas erkannt. Auch wenn Verbote urbaner Landwirtschaft für den Eigenanbau aus der Kolonialzeit teilweise noch bis heute auf die Länder Subsaharaafrikas nachwirken, haben sich die Auflagen in den letzten Jahren zumindest etwas gelockert. Stattgefunden hat dies aber auch immer nur dann, wenn eine extreme Nahrungsmittelkrise stattgefunden hat.

Fazit

Die Ausweitung des Urban Gardenings und die zunehmende Akzeptanz und Förderung durch die nationalen Regierungen der Staaten Subsaharaafrikas zeigen, dass urbane Landwirtschaft einen wichtigen Teil zum Wahren der Ernährungssicherheit leisten kann. Auch der äußerst umweltverträgliche Prozess und die nachhaltigen Möglichkeiten, die das Urban Gardening bietet, sind zeitgemäß und zukunftstauglich. Das bedachte Umgehen von Ressourcen und das Wiederverwerten von insbesondere flüssigen Abfällen mit der Integration in landwirtschaftliche Prozesse, so wie es etwa in Kalkutta oder auch Mexico-Stadt stattfindet, ist zudem global und zum Nulltarif umsetzbar (vgl. Lee-Smith, 2010: 491).

Diese Arbeit liefert im Besonderen den Erkenntnisgewinn, dass das eigentliche Potential urbaner Landwirtschaft noch wesentlich besser ausgenutzt werden könnte. Etwa dadurch, dass Investitionen der Entwicklungspolitik des Westens nicht mehr nur in eigene, UN-gesteuerte Konzepte gehen, sondern vielmehr in die Förderung lokaler städtischer Landwirtschaft in den Städten Subsaharaafrikas. Gleichzeitig bestünde so auch die Chance, mehr Glaubhaftigkeit auszustrahlen und ein höheres Maß an Anerkennung zu erfahren. In Zeiten im Stile eines indirekten Wettlaufs um Afrika 2.0, in dem Russland und China durch Milliardeninvestitionen in Infrastruktur, Wirtschaft und fossile Technologien in Subsaharaafrika investieren (vgl. Kamp 2021), ist ein Rückgewinn an Vertrauen durch die lokale Bevölkerung für die EU und die Vereinten Nationen mehr als nur ein Etappenziel.

Dass urbane Landwirtschaft in Tansania, Kenia, Ghana oder auch Uganda stark gefördert wird und eng verwoben ist mit dem Anspruch, unabhängiger von preislich stark schwankenden und nicht dauerhaft verfügbaren (Beispiel jetzt: Angriffskrieg in der Ukraine) Nahrungsmittelimporten zu sein, zeigt die Relevanz des Urban Gardening. Konzeptionell ist die urbane Landwirtschaft zwar ein niedrigschwelliges Angebot, in der Praxis setzt sie jedoch eine gewisse finanzielle Potenz etwa für den Land- und Vieherwerb voraus. Da Urban Gardening jedoch deutlich klimafreundlicher – etwa durch die Verwendung von Kompost als Dünger – im Vergleich zur konventionellen, schadstoffbelasteten Landwirtschaft ist (vgl. Keong Ng 2021), könnte sie als erfolgreicher Export Subsaharaafrikas erfolgreich um die Welt gehen und in Ländern von Nutzen sein, die mit hohen Armutsquoten zu kämpfen haben. Das Urban Gardening sollte dabei nicht die Rolle haben, im Alleingang das Hungerproblem zu lösen. Vielmehr stellt es eine sinnvolle Ergänzung dar, die insbesondere für Menschen, die besonders extrem von Armut betroffen sind, eine Hilfe sein sollte.

Im Sinne eines paritätischen Handelns und Unterstützens in Armut lebender Individuen, sollte daher auch in Subsaharaafrika das Ziel sein, dass Urban Gardening weg vom Mittelstand hin zu den ärmsten Menschen in der Bevölkerung zu verlagern und somit den Zugang zu erweitern. Gelingen kann dies durch Übertragung von Land, das auch gemeinschaftlich genutzt und somit einer gesamten lokalen Community für die Eigenversorgung und kleine finanzielle Erträge, die aber das eigene Überleben sichern, zugute kommen kann (vgl. Lee-Smith, 2010: 496). Auch wenn die Frauen oftmals einen Großteil der Arbeit leisten (vgl. Asomani-Boateng 2002), haben sie meist nicht die Kontrolle über das durch urbane Landwirtschaft generierte Einkommen, auch hier könnte angesetzt werden. Neben dem Freigeben von Landparzellen für den ärmsten Teil der lokalen Community innerhalb einer Stadt, könnten auch ausgeweitete Informations- und Beratungsangebote durch lokale Akteure*innen mehr Bedürftigen die erfolgreiche städtische Landwirtschaft ermöglichen.

Quellenverzeichnis

Asomani-Boateng, Raymond (2002): Urban Cultivation In Accra: An Examination Of The Nature, Practices, Problems, Potentials And Urban Planning Implications. Habitat International Vol. 26 (4), S. 591 – 607.

Bain, Engelbert Lucho et al. (2013): Malnutrition in Sub – Saharan Africa: burden, causes and prospects. Pan African Medical Journal Vol. 15 (121), S.1.

Draxler, Cornelia (2019): Grün, Gesund, Greifbar: Der Einfluss urbaner Grünflächen auf die Lebensqualität und Gesundheit der StadtbewohnerInnen am Beispiel des green.labs im Grazer Smart City Gebiet. Institut für Geographie und Raumforschung, S. 22 – 30.

Falk, Gertrud (2003): Proverty reduction strategy papers: Eine Chance zur Bekämpfung ländlicher Armut in Subsahara-Afrika? INEF Report (Heft 72), S. 3 – 53.

Grebitus, Carola et al. (2020): Consumers' Perception of Urban Farming—An Exploratory Study. Frontiers in Sustainable Food Systems, S. 1 -11.

Groß, Melanie (2013): Urban Gardening als Konzept für die Jugendarbeit in der Postwachstumsgesellschaft. Neue Praxis 3/13, S. 235–245.

Hovorka, Alice et al. (2009): Women Feeding Cities. Mainstreaming Gender in Urban Agriculture and Food Security. Practical Action Publishing, S. 334 – 336.

Kateryna, Zubalii (2022): Auswirkungen des Ukraine-Kriegs auf globale Ernärhungssicherheit. KNETU, S.263-264.

Keong Ng, Andrew (2021): Emerging and Disruptive Technologies for Urban Farming: A Review and Assessment. Journal of Physics: Conference Series, S. 2-7.

Kessler, A. et al. (2004): Women in urban agriculture in West Africa. RePEc, S. 16-17.

Lee-Smith, Diana (2010): Cities feeding people: An update on urban agriculture in equatorial Africa. Environment and urbanization Vol.22 (2), S. 483-496.

Wilhelm, Jan Philipp (2020): Afrika: Mehr Armut trotz Wirtschaftswachstum. Deutsche Welle, S. 1.

Abbildungsverzeichnis

Abbildung 1: Food and Nutrition Trends in the Sahel & West Africa.

Quelle: Cadre Harmonisé / Réseau de prévention des crises alimentaires, 2021.

Abbildung 2: Food demand.

Quelle: PBL Netherlands Environmental Assessment Agency, 2012.